8 Février 1905 V

VENTE

HOTEL DROUOT — SALLE N° 11

Les Mercredi 8 et Jeudi 9 Février 1905

A 2 HEURES 1/4

BIJOUX

enrichis de

Brillants, Perles et Pierres de couleur

Argenterie, Objets de Vitrine

MARBRES, BRONZES, TABLEAUX

Porcelaines, Faïences

MEUBLE DE SALON EN TAPISSERIE D'AUBUSSON STYLE LOUIS XIV

Tentures, Rideaux de Damas de soie rouge

LIVRES

Me L. DESCHAMPS
COMMISSAIRE-PRISEUR
52, *Boulevard Malesherbes*

M. Arthur BLOCHE
EXPERT PRÈS LA COUR D'APPEL
51, *rue Saint-Georges*, 51

EXPOSITION PUBLIQUE

Le Mardi 7 Février 1905, de 2 heures à 6 heures

C. CHAUFOUR

8-10, RUE MILTON, 8-10

PARIS

CONDITIONS DE LA VENTE

La vente sera faite au comptant.

Les acquéreurs paieront *dix pour cent* en sus des prix d'adjudication.

Aucune réclamation ne sera admise une fois l'adjudication prononcée.

DÉSIGNATION

BIJOUX

ARGENTERIE, OBJETS DE VITRINE

1 — Bague marquise en or ornée de rubis et de diamants.

2 — Montre de dame à remontoir en or enrichie de diamants.

3 — Broche en or pouvant former pendentif, ornée de brillants et de roses.

4 — Bague en or ornée d'un saphir, cabochon entouré de diamants.

5 — Bague en or enrichie d'une topaze entourée de brillants.

6 — Epingle de cravate en or enrichie d'une perle fine.

7 — Paire de boucles d'oreilles ornées de perles entourées de diamants.

8 — Bague en or et platine, forme carrée, enrichie d'un rubis d'Orient, d'un rubis reconstitué et de diamants.

9 — Bague en or et platine enrichie d'une perle fine entourée de brillants.

10 — Sautoir en or massif avec coulant enrichi de perles fines.

11 — Bracelet en or orné d'une émeraude et de dix brillants.

12 — Bague marquise Louis XVI en or émaillé bleu enrichie de diamants.

13 — Bague en or ornée de sept émeraudes.

14 — Bourse en or.

15 — Liseuse en or enrichie de lapis et de diamants.

16 — Bague en or ornée d'un rubis cabochon et de huit brillants.

17 — Epingle de cravate en or ornée d'un scarabée turquoise entouré de diamants.

18 — Broche forme trèfle enrichie de brillants et de roses.

19 — Chaîne de cou en or enrichie de sept perles fines avec pendentif forme pendeloque orné de perles et diamants.

20 — Bague marquise en or ornée de rubis et de brillants.

21 — Bague en or enrichie d'une opale et de six brillants.

22 — Flacon à sels en cristal, monture en or.

23 — Chaîne sautoir en or enrichie de cent dix-huit perles fines.

24 — Aigrette enrichie de deux émeraudes et de diamants.

25 — Broche forme bourdon ornée d'un rubis cabochon et de diamants.

26 — Paire de boutons d'oreilles ornés de perles simili.

27 — Bague navette enrichie d'un rubis et de dix brillants.

28 — Bague marquise Louis XVI émaillée bleu enrichie de diamants.

30 — Bague en or enrichie d'une émeraude et de trente brillants.

31 — Bague jonc en or ornée d'un rubis cabochon.

32 — Bague ornée d'une miniature enrichie de diamants.

33 — Sautoir en or orné de douze perles fines.

34 — Bague en or ornée de marcassittes.

35 — Bracelet porte-bonheur en or enrichi de onze brillants,

36 — Broche-barrette ornée de diamants et de rubis.

37 — Epingle à chapeau en or, calotte enrichie d'une perle fine et de roses.

38 — Epingle de cravate en or ornée de trois perles fines.

39 — Broche Louis XVI ornée de marcassittes.

40 — Paire de pendeloques en agates herborisées et perles fines.

41 — Bénitier en argent doré enrichi de pierres.

42 — Paire de boutons d'oreilles ornés de deux perles fines et de deux roses.

43 — Chaine en or avec pendentif orné de perles rubis et roses.

44 — Beau sac de voyage en peau de porc.

45 — Canne-jonc avec pomme en écaille, signée Verdier.

46 — Canne en ébène mouchetée avec pomme en écaille, signée Verdier.

47 — Canne bambou avec pomme en écaille et couronne en or.

48 — Canne bambou avec béquille en écaille.

49 — Sucrier en argent ciselé.

50 — Service à poisson, manches en argent.

51 — Pelle à fraises en argent.

52 — Flacon en cristal taillé et gravé, monture en argent ciselé.

53 — Bourse en or.

54 — Bourse en or.

55 — Miniature sur ivoire : Halte d'officiers, d'après Wouvermans.

56 — Miniature sur ivoire : les Sabots, d'après Boucher.

57 — Trois miniatures sur ivoire : portraits de femmes Louis XVI.

58-62 — Suite de douze éventails, montures en nacre ivoire et écaille, feuilles en broderies de paillettes ou ornées de peintures à scènes champêtres. (Seront divisés).

OBJETS D'ART

63 — Statuette en bronze : la Becquée. Signée Giraud.

64 — Groupe en bronze : Chiens.

65 — Statuette en bronze : Cendrillon.

66 — Groupe en bronze : Amour et Fortune.

67 — Statuette en bronze : Tête de femme.

68 — Médaillon en bronze : tête de femme, signé Jampolsky ; cadre en peluche.

69 — Lampe en ancienne porcelaine du Japon ; monture en bronze doré.

70 — Lampe en ancienne porcelaine du Japon, monture en bronze doré.

71 — Jardinière en faïence décorée ; socle en chêne.

72 — Garniture de cheminée, composée d'une jardinière et de deux vases en barbotine à fleurs.

73 — Deux vases en faïence, décorés d'oiseaux.

74 — Cache-pot en ancienne faïence de Chine.

75 — Petite pendule en bronze ciselé et doré à rocailles.

76 — Beau buste en marbre de Marie-Antoinette, représentée en costume de cour.

77 — Statuette en bronze à patine dorée : la joueuse de pipeaux.

78 — Deux statuettes en marbre : Mercure et Iris, socles en onyx ornés d'un bas-relief en bronze.

79 — Deux petits bas-reliefs en marbre sculpté, attribués au XVIIIe siècle et représentant deux grandes dames de la cour (encadrés).

80 — Statuette en porcelaine du Japon : Femme et enfant.

81 — Miroir à trois faces de style japonais, monture en bronze doré.

82 — Deux jardinières rondes en porcelaine de Chine de la famille verre, decorées d'animaux dans des paysages.

83 — Paire de vases en émail cloisonné de la Chine, fond bleu, décor à lambrequins et rosaces.

84 — Paire de vases en porcelaine de Chine rouge de forme carrée.

85 — Petit buste en marbre, d'après Raphaël : Pensive.

86 — Plat hispano-mauresque, décor à reflets métalliques.

87 — Petite corbeille algérienne en vannerie.

88 — Boite ronde chinoise bambou sculpté.

89-90 — Trois boulets et une grenade.

91 — Deux statuettes : Chinois et chinoises, en terre cuite peinte.

92 — Deux canons en bronze sur affût. Long. : 0m40.

93 — Deux obus de guerre montés en lampe.

94 — Obus prussien du siège de Belfort, 1870-71.

95 — Deux obus de guerre 0m75 nickelés.

96 — Chien en bronze.

97 — Vide-poche plateau en cuivre, supporté par deux figurines de nègre.

98 — Coupe ronde en bronze à sujet mythologique.

99 — Plat style Empire en porcelaine décorée à scène de bataille.

100-101 — Six assiettes style Empire, en porcelaine décor à scènes de batailles.

102 — Coupe en porcelaine décorée fond bleu montée en bronze.

103 — Deux bouteilles algériennes.

104 — Deux bustes en marbre : Fantaisies.

105 — Deux bas-reliefs en bois sculpté représentant : l'un l'apparition d'un ange à un pêcheur et l'autre un martyre combattant un lion.

106 — Paire de vases en émail cloisonné, décor à volatiles et fleurs sur fond noir.

107 — Paire de petits vases en émail cloisonné à fleurs sur fond rose.

108 — Deux vases cotelés en émail cloisonné bleu turquoise.

109 — Service de fumeur en émail cloisonné à fleurs.

110 — Vase avec couvercle en émail cloisonné.

111 — Paire de vases en bronze à patine foncée décor en relief.

112 — Paire de vases en bronze du Japon décor en relief.

113-114 — Deux koros en bronze du Japon, couvercles surmontés de chimères.

115 — Paire de petits vases en bronze patine verte, anses aux lézards.

116 — Deux très petits vases en Satzuma décor très fin.

117 — Vase à deux anses de Satzuma, branchages fleuris.

118 — Deux bouteilles en métal japonais avec fleurs en relif.

119-120 — Deux petits groupes en métal japonais poules et faisans, sur socle en bois.

121 — Paire de grands vases en porcelaine de Chine fond jaune impérial, à personnages.

122 — Paire de grands vases rouleaux à fleurs de pêcher, fond noir et médaillons de chimères.

123 — Petit groupe en métal : paons.

124 — Paire de vases en porcelaine de Chine, fond gravé, à décor de poissons.

125 — Deux bouteilles fond bleu fouetté, décor aux dragons.

126 — Garniture de cinq pièces, décor à personnages.

127-128 — Deux jardinières en porcelaine de Chine, décor en bleu à paysages.

129 — Brûle-parfums en poterie japonaise.

130 — Deux vases en poterie japonaise.

131 — Statuette de femme à l'éventail.

132 — Statuette : personnage tenant un singe.

133-134 — Deux groupes : jardiniers.

135-136 — Deux autres groupes.

137-139 — Trois figurines et groupe.

140-141 — Deux groupes patine foncée.

142-143 — Singe et chat en blanc de Chine.

144 — Casier à musique en bois noir. Style chinois.

145 — Deux boîtes en laque du Japon.

146 — Boîte à ouvrage en laque.

147-166 — Suite de pièces en faience de Pull : plats, coupes, figurines, etc.

MEUBLES

167 — Meuble de salon de style Louis XIV en bois doré, recouvert en tapisserie d'Aubusson, composé de : un canapé, deux fauteuils et deux chaises.

168 — Deux glaces, cadres de style Louis XVI en bois sculpté et laqué.

169-170 — Deux consoles en bois sculpté et laqué. Style Louis XVI.

171 — Petit paravent à trois feuilles en bois sculpté et doré, orné de glaces. Style Louis XV.

172 — Chaise longue en trois parties en bois sculpté et laqué gris, recouvert en étoffe à fleurs. Style Louis XVI.

173 — Guéridon forme rognon en bois doré, avec tablette foncée de canne.

174 — Suspension à gaz en cuivre poli.

175 — Crédence en chêne sculpté de style gothique, s'ouvrant à deux portes ornées de figurines de chevaliers.

176 — Canapé de style Louis XV en bois sculpté et rechampi de gris, dessin à rocailles et guirlandes, recouvert de soierie brochée à fleurs.

177 — Petite marquise forme corbeille, de style Louis XV en noyer sculpté rehaussé d'or, recouverte de soierie verte brochée à fleurs.

TABLEAUX, GRAVURES

178 — LANGEROCK. Rochers en forêt.

179 — LATOUR (Ecole de). Portrait d'homme en habit bleu. Cadre de l'époque en bois sculpté.

180 — MIEL (Attribué à JEAN). La Tonte des moutons.

181 — PEROUX. Grande miniature sur ivoire représentant une Grande Dame de Rome en costume blanc et peplum bleu. Signé et daté 1801.

182 — SCHNEIDER. Lisière de forêt.

183 — Portrait d'un magistrat en habit brodé d'or et manteau de velours rouge.

184 — WARD. Première entrevue du comte d'Esex avec la reine Elisabeth après son retour d'Irlande.

185 — Le Bienfaisant Cardinal. Deux gravures anglaises en couleur d'après WESTALL.

186 — Gravure ancienne : L'Honnête fripon.

187 — Gravure ancienne : La Curieuse.

188-189 — ECOLE ALLEMANDE. Portraits de princesses représentées en costume de cour. Deux tableaux se faisant pendants. Cadres en bois noir sculpté.

190 — ECOLE FRANÇAISE DU XVIIIe SIECLE. Marchand et marchande. Deux aquarelles dans un même cadre Louis XVI en bois sculpté et doré.

191 — ECOLE FRANÇAISE DU XVIIIe SIECLE. Ruines et monument près d'un pont. Gouache.

192 — ECOLE FRANÇAISE. Portrait de jeune femme les cheveux poudrés.

193 — ECOLE ITALIENNE. Saint Jean. Petit tableau.

194 — ECOLE MODERNE. Bord de rivière.

195 — Chevaux d'artillerie.

TENTURE

196 — Six rideaux en damas de soie rouge avec embrasses assorties.

197 — Deux habits en drap brodé. XVIIIe siècle.

LIVRES

198 — Trois volumes de la Nouvelle Géographie Universelle par Elisée Reclus, traitant de la France, l'Afrique et l'Inde et l'Indo-Chine.

199 — Carte cantonale sur toile, du territoire de Belfort (Haut-Rhin).

200 — Objets omis.

www.ingramcontent.com/pod-product-compliance
Ingram Content Group UK Ltd.
Pitfield, Milton Keynes, MK11 3LW, UK
UKHW032035260826
14628UKWH00006B/2969

9 782329 539089